सापेक्ष मंथन

रूद्र प्रताप सैनी

BlueRose ONE.com
Stories Matter
NewDelhi • London

BLUEROSE PUBLISHERS
India | U.K.

Copyright © Rudra Pratap Saini 2024

All rights reserved by author. No part of this publication may be reproduced, stored in a retrieval system or transmitted in any form or by any means, electronic, mechanical, photocopying, recording or otherwise, without the prior permission of the author. Although every precaution has been taken to verify the accuracy of the information contained herein, the publisher assumes no responsibility for any errors or omissions. No liability is assumed for damages that may result from the use of information contained within.

BlueRose Publishers takes no responsibility for any damages, losses, or liabilities that may arise from the use or misuse of the information, products, or services provided in this publication.

For permissions requests or inquiries regarding this publication, please contact:

BLUEROSE PUBLISHERS
www.BlueRoseONE.com
info@bluerosepublishers.com
+91 8882 898 898
+4407342408967

ISBN: 978-93-5989-162-0

Cover Design: Sadhna Kumari
Typesetting: Pooja Sharma

First Edition: May 2024

इस पुस्तक में पश्चिम और पूर्व के समग्र दर्शन के आधार पर भौतिकी की व्याख्या करने का प्रयास किया गया है। इस पुस्तक का उद्देश्य भौतिकी और प्रकृति के विभिन्न गुणों की व्याख्या करने के लिए एक नवदृष्टि प्रदान करना है। इस पुस्तक की सहायता से प्रकृति के विभिन्न गुणों के विषयों में जिज्ञासा की गयी है।

अनुक्रमणिका

अज्ञात का अनुसन्धान 1

प्रकृति के साथ एक संवाद..8

क्या भौतिक स्वरूप वास्तविक है ? 13

विचारो का संसार तथा भौतिकता...17

सांख्य दर्शन के अनुसार भौतिकता...21

विचारो की अविनाशिता 25

द्वैतवाद एवं भौतिकता...29

अद्वैत भौतिकी 40

अज्ञात का अनुसन्धान

मै आप सभी से इस जगत के रहस्यों के बारे मै चर्चा करने को लेकर बहुत उत्सुक हूँ।

मै आप सभी से इस भौतिक जगत के के कुछ मूल विषयो पर विमर्श करना चाहता हूँ.

और मै इस भौतिक जगत मै उपस्थित उस मूल को खोज रहा हूँ। जिसका ज्ञान हो जाने के बाद सबका ज्ञान हो जाता है।

हम उसके गुणों की व्याख्या करने के योग्य हो जाते है। पर इसका बोध हमें स्वयं ही करना होगा। क्यूंकि मै जिसके विषय मै चर्चा करने को उत्सुक हूँ।

उसके विषय मै तो कुछ लिखा ही नही जा सकता और नहीं हम उसे अपनी इन्द्रियों से उसका अनुभव कर सकते है।

क्यूंकि हम यदि इसे अपने इन्द्रियों से व्यक्त करने का प्रयास करेंगे तो हम उसे जान न सकेंगे हम तो बस उसका अनुभव कर सकते है।

उसे व्यक्त नहीं कर सकते क्यूंकि वह तो सिर्फ विचारो में ही रहता है। (जैसे हरे रंग का स्वयं में कोई अस्तित्व नही है। वरन हरे रंग का अस्तित्व किसी हरे रंग के पदार्थ से व्यक्त होता है। आप बिना किसी पदार्थ की सहायता के हरे रंग का अस्तित्व प्रमाणित नही कर सकते है। अतः हरा रंग विचार मात्र है। और वह किसी भौतिक वस्तु की सहायता से स्वयं को प्रगट करता है।)

ये विचार समय के सुक्ष्म अंतरालो में स्वयं को द्रव्य की सहायता से आकार देते है। ऐसा प्रतीत होता है। जैसे इनका अस्तित्व सदा ही रहा हो।

ये समय के तीनो अवस्थाओ भूत, भविष्य व वर्तमान में एक साथ हो। और स्वयं को भविष्य के वर्तमान में उत्पन्न कर उस भविष्य की कालातीत हो जाती है। यह वास्तव मै बहुत अद्भुत और विस्मयकारी है। की इनका अस्तित्वबोध वास्तव में बिम्ब है। या बस समय के दर्पण में द्रव्य का आवरण लपेट के खड़ा एक प्रतिबिम्ब, जो स्वयं को समय के दर्पण में बार बार देखता है ।

और यह सुनिश्चित करने का प्रयास करता है। की मेरे इस द्रव्य के आवरण में कोई त्रुटी न शेष रह जाये। परन्तु प्रत्येक क्षण उसे उस आवरण में त्रुटि ही प्रतीत होती है। और हर बार वो स्वयं को द्रव्य के नए अवरणों में व्यक्त करता है ।

परन्तु कब तक वो स्वयं को परिवर्तित करती रहेगा? संभवतः विचारो के इसी गुण के कारण विकासवाद की उतपत्ति हुई है। और नवसृजन अनवरत रूप से जारी है।

परन्तु नवनिर्माण की यह धारा जो समय के दर्पण में अनवरत रूप से सृजन कर रही है। वहि समय की धारा सृजन के परिमाण की मात्रा में ही समय के उस क्षण में ही विनाश भी कर रही होता है।

और सदैव स्वयं को साम्य में रखती है। ऐसा प्रतीत होता है। की विचारो का अविर्भाव द्रव्य की सिमित मात्रा में हो रहा हो ।

और विचार उस सिमित द्रव्य से ही निर्माण और सृजन की घटना को चलायमान रख रहा हो ।

विचार जो परिवर्तन कर रहा है। उन परिवर्तनों से ऐसा प्रतीत होता है। की वह अपने किसी भी भौतिक स्वरुप में स्वयं को पूर्ण रूप से व्यक्त करने में सक्षम नही है ।

अर्थात विचार स्वयं को जिस भी रूप में प्रकट करे। वो उस विचार रूपी बिम्ब की केवल प्रतिया ही हो सकती है ।

और विचार जब भी स्वयं को प्रतियों के रूप में व्यक्त करेगा वो सदैव एक उत्तम प्रति के निर्माण का प्रयास करेगा।

परन्तु एक आदर्श प्रेक्षक के लिए कभी भी विचारो का एक आदर्श प्रतिबिम्ब नही बन सकेगा ।

और उसमे होने वाली सृजन और विनाश की प्रक्रियाए निरंतर होती रहेंगी। क्यूंकि उसने स्वयं को इस भौतिक जगत में व्यक्त किया है ।

और इस भौतिक जगत में होने के कारण वह द्विक और काल में द्रव्य का आवरण लिए हुए ही प्रतीत होता रहता है ।

और इस भौतिक जगत में वह विचार द्रव्य रूप लेकर समय की उपस्थिति में द्विक (त्रिविमीय अन्तरिक्ष) में भौतिकी के नियमो का अनुसरण करता है। और जब भी हम द्विक और काल की उपस्थिति में विचार के बारे में जानने का प्रयास करेंगे।वो सदैव उसके द्रव्य रूप को ही व्यक्त करेगा ।

और विचार के इस द्रव्य रूप में सृजन और विनाश के क्रिया के फलस्वरूप निरंतर परिवर्तित होता रहेगा। और जो परिवर्तनशील है। वो सत्य नही अतः जब तक हम विचार के द्रव्य स्वरुप का दर्शन करते रहेंगे। हम उसके परिपेक्ष्य में कुछ भी न जान सकेंगे ।

यह तथ्य बहुत अद्भुत है। की वो विचार स्वयं को जिज्ञासा करने के लिए द्रव्य का आवरण लेते है।

इसे हम कुछ इस प्रकार समझ सकते है। की हम भौतिक जगत के अणुओ से निर्मित होकर भौतिक जगत के अणुओ का ही अध्ययन कर रहे है।

और जब भी हम विचारो के भौतिक स्वरूपों का अध्ययन करेंगे। तो वह अध्ययन द्विक और काल के साथ ही संभव हो पायेगा। तथा वे सभी सभी अध्ययन इन्द्रिय अध्ययन होंगे।

जिसक अनुभव हम गंध,ताप,दृश्य,स्वाद ध्वनी रूप में करेंगे।

अतः वह विचार स्वयं के द्रव्यस्वरूप को समय की उपस्थिति में निरंतर उत्कृष्ट बनाने का प्रयास करते रहते है। और यह प्रयास उस क्षण तक अनवरत रहता है।

जब तक की विचार का द्रव्य स्वरुप अपने द्रव्य स्वरुप को विचार स्वरुप में परिवर्तित नही कर लेता, इस पूरी प्रक्रिया के दौरान इस परिवर्तन का परिमाण सदैव प्रेक्षक के प्रकृति पर निर्भर करता है। परन्तु एक आदर्श प्रेक्षक के लिए यह परिवर्तन की समयावधी अनंत होती है।

भौतिक जगत में निर्माण की प्रक्रिया के दौरान सर्वप्रथम परिणाम का चयन होता है।

तत्पश्चात विचार द्रव्य का आवरण ग्रहण करता है। परन्तु द्रव्यात्मक गुण कभी भी पूर्णतयः विचारात्मक गुण में परिवर्तित नही हो पाएंगे। अन्यथा विनाश और सृजन की प्रक्रिया रुक जाएगी अन्य शब्दों में व्यक्त करे तो

इसका अर्थ है। की कभी भी किसी विचार का ऐसा भौतिक स्वरूप संभव नही है।

जिसमे की उसका परिमाण सभी प्रेक्षकों के लिए एक सामान हो जाये सृजन दो प्रकार के दिखाई पड़ते है। इन्हें शब्दों में व्यक्त करने के लिए में इन्हें आदर्श व अनादर्श सृजन की संज्ञा देता हूँ।

एक आदर्श सृजन की प्रक्रिया सदैव एक आदर्श प्रेक्षक और विचारो के आदर्श रूप में संभव होता है। आदर्श सृजन द्विक और काल पर निर्भर नही करते है।

तथा अनादर्श सृजन की प्रक्रिया सदैव अनादर्श प्रेक्षक और विचारो के अनादर्श भौतिक स्वरूपों के मध्य संभव होता है।

तथा अनादर्श सृजन द्विक और काल के अनुपस्थिति में संभव नही है।

अनादर्श प्रेक्षक का स्वयं को भौतिक स्वरुप होता है। जिस कारण उसके लिए प्रत्येक प्रकार का सृजन अनादर्श सृजन हो जाता है। आइये इस अनादर्श प्रेक्षक को समझने के लिए एक कल्पना करते है। अपनी आँखों को बंद कर कल्पना कीजिये की आप ऐसी जगह है।

जहाँ किसी भी भौतिक वस्तु,गुण,स्थान आदि का कोई भी अस्तित्व नही है। आप क्या देखते है......?

क्या दिखा आपको क्या आपको भी अन्धकार ही दिखाई दिया ? परन्तु मैंने तो कहा था। की आप ऐसे स्थान की कल्पना कीजिये जिस स्थान पर किसी भी भौतिक वस्तु ,गुण ,स्थान,आदि की उपस्थिति न हो। परन्तु आप पाएंगे एक अँधेरे को पर जैसे ही आपने कहा की आपने अँधेरे को देखा तो इसका अर्थ है।

की वहां कुछ तो है। भले ही वह अन्धकार ही हो, परन्तु आप कल्पना कीजिये की वंहा अन्धकार भी नही है। तो आपको क्या दिखाई पड़ता है ? क्या आप उसकी कल्पना कर सकते है।

जो की नहीं है जैसे ही में यह पूछता हूँ। की आपको क्या दिखाई पड़ा वैसे ही मेरा प्रथम प्रश्न (कल्पना कीजिये की कुछ भी नही है।) व्यर्थ हो जाता है। ध्यान दे जब भी में कल्पना करने के लिए कहता हूँ, की उसकी कल्पना कीजिये जो नही है।

और उसके बाद मेरा दूसरा पूछा गया प्रश्न है ।

वह यही है। की वह क्या है? जिसका अस्तित्व नही है ....

एक अनादर्श प्रेक्षक कुछ न होने को भी कुछ कहेगा। वह भले ही स्वयं को अन्धकार हि क्यों न कहे परन्तु उसे अपने अस्तित्व का आभास होगा।

परन्तु एक आदर्श प्रेक्षक तो वहि होगा जो यह व्यक्त करेगा। की उसका कोई भी भौतिक अस्तित्व नही है ।

ऐसा प्रेक्षक ही एक आदर्श प्रेक्षक होगा। यह तथ्य कुछ उसी प्रकार है। की हम जब, कुछ भी न होने को व्यक्त करते है। तो जैसे ही हम उसे व्यक्त करते है। तो वह कुछ हो जाता है ।

यानि जब कभी हम शुन्य को कुछ न होने के संदर्भ में प्रयुक्त करते है। जैसे ही हम उसे शुन्य से प्रदर्शित करते है। तो वह कुछ न होने का भाव शुन्य मे परिवर्तित हो जाता है ।

यह ठीक उसी प्रकार है। जैसे हम प्रारंभ किसी से कुछ न होने की कल्पना करने को कहे, और हम उससे पुनः प्रश्न करे जो नहीं है। वह क्या है?

और वह उत्तर देता है। की जो नही है। वह शुन्य है। और यह कहते ही की वह शुन्य है।

वह उसी क्षण कुछ नही से शुन्य हो जाता है। और फिर शुन्य जैसे ही गणित में उत्पन्न हो आता है। वह वैसे ही गणित को और गणित कीसंक्रियाओ (योग,गुणन,भाज्यता,व्यवकलन) को सरल कर देता है। परन्तु हम जैसे ही गणित में परिमेय संख्याओ को परिभाषित करते है। (वे संख्याये जिन्हें P/Q जहाँ Q का मान कभी भी शुन्य नही होता परिमेय संख्या कहलाती है।) तो हमें ज्ञात होता है।

कि किसी भी वस्तु को हम एक व्यक्ति ,दो व्यक्तियों ,तीन व्यक्तयो .... में तो विभाजित कर सकते है। परन्तु हम किसी वस्तु को शुन्य व्यक्तियों में विभाजित नही कर सकते। अर्थात शुन्य से विभाजन अपरिभाषित है ?

यदि हम हम दो केलो को चार व्यक्तियों में विभाजित करे तो प्रत्येक व्यक्ति को आधा केला ही मिलाता है। ,जब हम उन दो केलो को दो व्यक्तियों में विभाजित करे तो प्रत्येक व्यक्ति के पास एक-एक केले होंगे।

यदि हम दोनों केलो को एक व्यक्ति पास ही विभाजित करे। तो उस व्यक्ति के पास दोनों ही केले होंगे। परन्तु तब क्या होगा ?

जब हम दोनों केलो को किसी भी व्यक्ति को न दे अर्थात शुन्य लोगो को दे इस अवस्था में हम पाते है। गणतीय संक्रियाओ से इसकी व्याख्या नही की जा सकती है। इस विषय पर विस्तृत अध्ययन इस पुस्तक के आगे अध्यायों में की गयी है ।।

प्रकृति के साथ एक संवाद

एक समय की बात है। एक व्यक्ति एक नदी के किनारे बैठा प्रकृति को निहार रहा था। तब उस क्षण वो प्रकृति के विभिन्न क्रियाओ को देख कर रोमांचित हुआ जा रहा था।

वृक्षों पे पंक्षी कलरव कर रहे थे,नदी में जल धराये उछलती कूदती चट्टानों को चीरती बहती हुई जा रही थी,फूलो पे विभिन्न सुन्दर तितलियाँ मंडरा रही थी।

वह उस पर मोहित हुए जा रहा था। परन्तु कुछ क्षण पश्चात प्राकृत की कलाओ को देखकर वह विस्मय से भर गया।

उसके मन में प्रकृति के विषय में उत्सुकता बढ़ती गयी। उसका मन अनेक प्रश्नों से भर गया। अब वह केवल प्रकृति को निहारने भर से संतुष्ट नही हो पा रहा था। उसके मन में उठे प्रश्नों के वह उत्तर जानना चाहता था। परन्तु वह प्रकृति के बारे में अन्य किस व्यक्ति से पूछे अगर कोई अन्य व्यक्ति जवाब देता। तो वह प्रकृति के उस छवि का वर्णन करता जिस छवि को उस व्यक्ति ने स्वयं देखा था।

अतः किसी दुसरे व्यक्ति से उन प्रश्नों को पूछने का विकल्प न था। यह कुछ उस प्रकार है। की हम किसी वृक्ष से पूछे की तुम्हारे इन हरी पत्तियों का रहस्य क्या है ?

संभवतः वह वृक्ष कहता उसके हरे पत्तो का रहस्य सूर्य है। परन्तु वह वृक्ष हमें कभी सूर्य को नही दिखा सकता। वह तो बस उस सूर्य से प्राप्त गुणों

को ही व्यक्त कर सकता है। वह व्यक्ति जो उस उस वृक्ष को देख रहा है। वह वृक्ष भी उसे उस सूर्य के प्राकश के कारन ही दिखाई दे रहा है ।

परन्तु जब भी व्यक्ति उस वृक्ष से सूर्य के बारे में जानने की चेष्ठा करेगा। तो वह उस वृक्ष के विभिन्न रंगों को ही देख सकेगा। और वह वृक्ष उस सूर्य से प्राप्त गुणों को ही व्यक्त करेगा।

अतः उस गुण के शुद्धतम रूप को समझाने का सबसे सरल उपाय है। की क्यूँ न सूर्य को समझने के लिए सीधे सूर्य की तरफ ही देखा जाये जिस अवस्था में सूर्य और उस व्यक्ति के मध्य कोई अन्य माध्यम उपस्थित न हो ,और उस व्यक्ति को सूर्य का शुद्धतम रूप दिखाई दे। ठीक इसी प्रकार नदी किनारे बैठे उस व्यक्ति ने सोचा इन प्रश्नों को अगर किसी अन्य के द्वारा समझने का प्रयास करेगा ।

तो उसे कोइ भी पारदर्शी उत्तर प्राप्त न होगा। अतः प्रकृति से उठे प्रश्नों को स्वयं प्रकृति से ही पुछना सर्वोत्तम होगॉ । यह जानकर उस व्यक्ति ने अपने सभी विस्मय से भरे प्रश्नों को प्रकृति के समक्ष ही प्रस्तुत करने लगा।

प्रकृति जब भी में तुम्हारे फूलो को देखता हूँ। तो उसकी सुन्दरता मुझे मोह लेती है ।

परन्तु जैस ही में तुम्हारे फूलो को और ध्यान से देखता हूँ । तो यह अनुभव होता है। की तुम वह फुल नहीं हो ,तुम तो उस फुल में हो। मुझे वह फुल आकर्षित नही करते।

मुझे तो उसमे उपस्थित तुम आकर्षित करती हो। तुम तो उस फुल में उसकी सुन्दरता बन के उपस्थित हो। यानि की तुम तो उस फुल में सुन्दरत रूपी गुण में उपस्थित हो। अगर तुम उस फूल में उपस्थित न हो।

तो वह फुल आकर्षक न रहेगा। परन्तु मै जब तुम्हारे गोद में उपस्थित अन्य फूलो को देखता हूँ। तो तुम किसी-किसी फुल में अधिक मात्रा में हो। और वहि अन्य किसी फूलो में तुम कम मात्रा में हों। जिस फुल में तुम्हारी उपस्थिति जीतनी अधिक होती है। वह फुल उतना ही अधिक मनमोहक होता है। और जिसमे तुम्हारी उपस्थिति जितनी कम होती है। उतना ही वह फुल कम मनमोहक हो जाता है। परन्तु और ध्यान देने पर यह प्रतीत होता है। की जिस फुल में सुन्दरता का गुण कम है।

यानि की उसमे कुरूपता अधिक है। वह गुण भी तुम्हारा ही है। तुम्हारा कुरूपता रूपी गुण जिन भौतिक वस्तुओ में अधिक हो जाता है।

वह वस्तु मुझे सहज ही भयभीत कर देती है। तुम्हारे इन गुणों का ही प्रभाव है। की कभी तो तुम मुझे पूर्णतयः आनंदित कर देती हो। तो कभी तुम मुझे पूर्णतयः भयभीत कर देती हो। पर इन सबसे ऊपर उठ कर में और गहन विचार करता हूँ। तो में और विस्मय में पड़ जाता हूँ। की वह फुल तो तुम नही थी।

तुम तो उस फुल में उस फुल की सुन्दरता बन उपस्थित थी। और वह फुल तो तुम्हारी इस भौतिक जगत में उपस्थित प्रदर्शित करने का माध्यम मात्र था।

ठीक उसी प्रकार जिस प्रकार की सूर्य की किरणे वृक्षों को हरा भरा प्रदर्शित करती है। परन्तु वह वृक्ष तो सूर्य के प्रकाश को व्यक्त करने का एक माध्यम मात्र था।

मै तो यह सोच कर रोमांचित हो जाता हूँ। की जब हम सूर्य को सीधे देखते है। तो उसका प्रकाश इतनी तेज उत्पन्न करता है। की सहन न हो सके ऐसा अनंत प्रकाश के स्त्रोत के भांति दिखाई देता है।

ठीक उसी प्रकार यदि तुम्हारी सुन्दरता रूपी गुण को किसी फुल में न देखकर स्वयं प्रत्यक्ष तुम्हे ही देखूं तो क्या होगा ?

मेरा रोम रोम रोमांच से भर जाता है। तुम्हारी अभिव्यक्ति का शुद्धतम रूप कितना अधिक सुन्दर होगा। उसका तेज भी सूर्य के भांति ही होगा। मुझे भय भी लगता है की कही में अँधा न हो जाऊ।

हे प्रकृति वह तुम्हारे गुण ही तो है। ,जो हर जगह व्याप्त है। वह तुम ही तो हो जो भौतिक वस्तुओ में सुन्दरता उत्पन्न कर आकर्षित करती हो।

वह तुम्ही हो जो भय भी उत्पन्न करती हो। वह तुम ही तो हो जो गति करती हो। और वह भी तुम ही हो। जो स्थिर रहती हो वह तुम ही हो। जो उष्णता प्रदान करती हो।

और शीतलता उत्पन्न करने वाली भी तुम ही हो,तुम ही तो प्रकाश भी हो।

और तुम ही तो अंधकार भी हो। जो भी है। वह तुम ही हो अरे वह तुम ही तो हो जो मेरे भीतर भी हो आश्चर्य है।

की उस फुल की सुन्दरता को निहारने वाली भी तुम ही हो। तुम जानने योग्य भी हो। और तुम स्वयं ही जानने वाली भी हो। घोर आश्चर्य है की तुम वही हो जो मेरे भीतर हो। यानि में ही तुम हो। और तुम ही में हूँ।

मेरे और तुम्हारे में कोइ भेद नही है। आश्चर्य है। की "तुम" ही "मै" बनकर तुम्हारे विषय में जिज्ञासा कर रही हूँ।

आश्चर्य है। की स्वयं के ही गुण से आनंदित होने वाला और स्वयं के ही गुणों से भयभीत होने वाली भी तुम ही हो। और "तुम" ही "मै" हूँ। इसका अर्थ यह है। की वह मै ही हूँ।

जो स्वयं के ही गुणों से भयभीत होने वाला हूँ। वह मै ही हूँ। जो अपने ही गुणों से आनंदित होता हूँ। प्रकृति और मुझमे कोई भेद नही हैं। हम एक ही है। मै निशब्द हूँ। केवल आश्चर्य है। केवल आश्चर्य...।।

और यह भी आश्चर्य है। की यह आश्चर्य भी मै ही हूँ। मै स्वयं को जो भी संज्ञा प्रदान करता हूँ। उस क्षण वह संज्ञा भी मै ही हो जाता हूँ। मै ही प्रकृति हूँ। और प्रकृति ही सब कुछ है।

क्या भौतिक स्वरूप वास्तविक है ?

आइये अब हम कल्पना करते है। की एक वाहन क्या है। क्या वह पहिया वाहन है? क्या वह गद्दी वाहन है ? क्या वह मंदक (ब्रेक) वाहन है ? तो क्या उसमे लगा इंजन वाहन है ? नही इनमे से कोई भी वाहन नही है।

तो फिर वाहन है क्या? वाहन तो अपने सभी अवयवो (पहिया,ढांचा,गद्दी,इंजन इत्यादि) का योग मात्र है।

वाहन का होना तो एक गुण मात्र है,वह तो अपने भौतिक अवयवो की सहायता से स्वयं को प्रकट करता है। ठीक उसी प्रकार जिस प्रकार सुन्दरता अपने आप को विभिन्न फूलो में प्रकट करता है। जिस प्रकार सुन्दरता का अपना कोई स्वरुप नहीं है। वह तो प्रकृति का शुद्धतम रूप है। उसकी कुछ मात्रा ही फूलो या अन्य वस्तुओ में प्राप्त होती है।

ठीक उसी प्रकार हम ध्यान दे तो वाहन का भी अपना कोई स्वरुप नही है।

वह तो स्वयं को भौतिक वस्तुओ की सहायता से स्वयं को विभिन्न स्वरूपों में स्वयं को प्रकट करता है।

कभी वह बैलगाड़ी होता है। तो कभी वह साइकिल होता है।

तो कभी वह रेलगाड़ी बन जाता है। परन्तु वह वाहन कहाँ है ?

जिसका निर्माण करने के प्रयास में वाहनों के इतने विभिन्न स्वरूपों का निर्माण कर दिया गया। वास्तव में वह वाहन कैसा होगा। जिसके निर्माण

के बाद किसी भी अन्य प्रकार के वाहन के निर्माण की आवश्यकता ही न हो। वास्तव में प्रकृति अगर अपनी समस्त सुन्दरता किसी एक ही प्रकार के फुल को प्रदान कर दे। तो उसकी सुन्दरता इतनी अधिक हो जाएगी। की उसे देखने में भी कोई सक्षम नही हो पायेगा। इसलिए प्रकृति स्वयं को भौतिक वस्तुओ की सहायता से बहुत अल्प मात्रा में व्यक्त करती है। अर्थात सर्वश्रेष्ठ फुल का होना संभव ही नही है। ठीक उसी प्रकार ऐसे वाहन का निर्माण भी संभव नही है। जो स्वयं में ही परिपूर्ण हो। अतः हम एक ऐसे वाहन की मात्र कल्पना ही कर सकते है। जिसके निर्माण के पश्चात किसी अन्य वाहन के निर्माण की आवश्यकता ही न उत्पन्न हो। और वाहन तो एक गुण मात्र ही है।

क्या आप इस प्रकार किसी भवन की कल्पना कर सकते है।

क्या ऐसा भवन बनाया जा सकता है। जिसके निर्माण के पश्चात अन्य किसी प्रकार के भवन के निर्माण की आवश्यकता न हो स्पष्ट है। की ऐसे भवन का निर्माण संभव नही है।

जिसके निर्माण के बाद अन्य किसी भवन के निर्माण की आवश्यकता न हो।

और भवन भी तो एक गुण मात्र ही है। ठीक इस प्रकार हम किसी भी अन्य प्रकार के वस्तु का अध्ययन करे। तो यह स्पष्ट होगा। की हम जिसकी खोज कर रहे थे। उसका स्वयं का कोई स्वरुप है ही नही वह तो स्वयं को विभिन्न प्रकार से स्वयं को अभिव्यक्त किये हुए है।

प्रकृति में तुमसे पूछता हूँ। की वास्तव में तुम्हारा स्वरुप क्या है ?

ऐसा प्रतीत होता है। तुम्हारा कोई भौतिक अस्तित्व है। ही नही तुम तो जड़ पदार्थो में स्वयं को प्रगट करती हो। तुम सर्वत्र हो जिस प्रकार एक शिला में में तुम प्रगट होती हो।

तो वह शिला सुन्दर आकार ग्रहण कर लेती है। ऐसा प्रतीत होता है। की शिला में मूर्ति तो सदैव से उपस्थित थी।

बस शिला पर से व्यर्थ के पत्थर हटा देने पर शिला स्वयं ही के सुन्दर मूर्त रूप धारण कर लेती ह अद्भुत है।

हे प्रकृति ऐसा प्रतीत होता है। की तुम तो बस कल्पनाओ में रहती हो।

और एक विचारक व्यक्ति तुम्हे इसे भौतिक जगत में तुम्हे रूप प्रदान करता है।

हे! प्रकृति जब में तुम्हारे वृक्षों पर लगे फलो को देखता हूँ। तो में विस्मय से भर जाता हूँ। की जब उन फलो से उत्पन्न होने वाले बीजो को कैसे पता होता है। की उन्हें उसी वृक्ष का निर्माण करना है। जिसके वह बिज है। परन्तु जब में और गहनता में जाता हूँ। तो मुझे स्पष्ट दिखाई पड़ता है। की वह तुम ही होती हो। जो उस बिज को उस वृक्ष का रूप प्रदान करती हो। कभी तुम मेघ के रूप में उस वृक्ष को सींचती हो तो वही मृदा बन के उसका पोषण करती हो। कभी ऋतु का रूप धारण कर उसे फलने फूलने देती हो। तुम विभिन्न रूप धारण कर उस बिज को पोषित करती हो। हे! प्रकृति में जब में तुम्हारे और गहराइयों में उतरता हु। तो में हतप्रभ हो जाता हूँ। की कैसे तुम सूखे मरुभूमी में घृतकुमारी को जन्म देती हो। और कैसे तुम ही ठन्डे प्रदेशो में सेब के वृक्षों को जन्म देती हो। और निरन्तर उसे आकार देती हो। मुझे स्पष्ट दिखाई देता है। की यदि में सेब के बिज को किसी मरुभूमि में रोंप दू। तो उसमे कभी भी विकास न हो सकेगा।

क्यूंकि उस मरुभूमि में तुम्हारा वह स्वरुप जो ठन्डे प्रदेशो में है। वह स्वरूप उस मरुभूमि में नही है स्पष्ट है। की वह तुम ही हो। जो वातावरण में उपस्थित होकर उस बिज को वृक्ष में रूपांतरित करने वाली होती हो। वह तुम ही होती हो। जो ठन्डे प्रदेशो के वृक्षों को तथा उष्ण प्रदेशो के वृक्षों को भिन्न-भिन्न रूप प्रदान करती हो। हे! प्रकृति तुम ही तो कल्पना करने वाली हो। जो अपनी कल्पना से ठन्डे प्रदेशो और उष्ण प्रदेशो के वृक्षों में भेद उत्पन्न कर देती हो। हे! प्रकृति वह तुम ही तो हो। जो मूर्तिकार के रूप में शिलाओ पर से व्यर्थ के टुकड़े हटाकर मूर्त रूप देती हो। हे! प्रकृति तुम स्वयं से ही स्वयं की कल्पना करने वाली होती हो। और शिला पर उकेरी गयी मूर्ति भी तुम ही तो हो। तुम ही मूर्ति भी हो। और तुम ही मूर्तिकार भी हो। प्रकृति शिशु को जन्म देने वाली भी तुम हो। और स्वयं शिशु भी तुम ही हो। वास्तव में बहुत ही अद्भुत और विस्मयकारी हो।

विचारो का संसार तथा भौतिकता

आइये अब हम एक पहिये की कल्पना करते है। और उसका अध्ययन करने पर हमें स्पष्ट होता है। की इनमे मुख्यतः दो गुण स्पष्ट रूप से दिखाई पड़ते है -

1) द्रव्यात्मक गुण
2) विचारात्मक अथवा कल्पनात्मक गुण

द्रव्यात्मक गुण वह गुण होता है। जिसके माध्यम से विचारात्मक गुण स्वयं को प्रकट करता है। उदहारणार्थ पहिये का निर्माण लकड़ी से किया जा सकता है। पहिये का निर्माण धातुओ से भी किया जा सकता है। शिलाओ से भी इसका निर्माण किया जा सकता है। अर्थात पहिये का निर्माण जिस द्रव्य से किया जाता है। वहि उसका द्रव्यात्मक गुण होता है।

विचारात्मक गुण वह गुण है। जो किसी लकड़ी, धातु इत्यादि द्रव्यों में पहिये के होने के गुण की कल्पना करता है। एक पहिया तो वह है। जो वृत्ताकार हो। तथा घूर्णन कर सके अतः घूर्णन तथा वृत्ताकार होना उस पहिये का विचारात्मक गुण है। यह विचाराताम्क गुण ही उस द्रव्य की प्रकृति होती है। जो उस द्रव्य के पहिया होने को प्रदर्शित करता है। जब भी पहिये का विचारात्मक गुण किसी व्यक्ति द्वारा किसी भी पदार्थ में डाला जाता है। तो वह पहिये की तरह हो जाता है। यदि हम किसी भी

आकार के जड़ पदार्थ में जैसे ही घूर्णन का गुण डालते है। उसका द्विमीय स्वरुप स्वतः ही पहिये की भांति प्रदर्शित होने लगता है।

हे प्रकृति तुम्हारे समस्त गुण इस भौतिक जगत में सर्वव्याप्त है। परन्तु प्रश्न यह है। की तुमने स्वयं को इस भौतिक जगत में क्यों व्याप्त किया है।

प्रकृति तुम कल्पना करो मेरे न होने पर तुम्हारा अस्तित्व कैसा होगा? यदि मेरा अस्तित्व न हो या कोई भी दृष्टा न हो।

ऐसे में क्या तुम किसी भौतिक वस्तु का निर्माण कर सकती हो ?

क्या अर्थ रह जायेगा। तुम्हारे टिमटिमाते तारो का जब कोई उन्हे गिनने वाला ही न हो। क्या अर्थ रह जायेगा। तुम्हारे उन अटखेलियाँ करने वाली नदियों का जब उसमे डुबकी लगाने वाला, उनसे अपनी सुधा तृप्त करने वाला ही न हो। किसी भी प्रकार के संगीत के सृजन का क्या अर्थ रह जयेगा? यदि उसे सुनने वाले का अस्तित्व ही न रहे। क्या अर्थ रह जायेगा? तुम्हारे सूर्य का यदि उसके तपन से तपने वाला ही न हो। क्या अर्थ रह जायेगा? तुम्हारे चन्द्रमा का जब उसकी शीतलता से शीतल होने वाला ही कोई न हो। क्या अर्थ रह जायेगा? तुम्हारे वृक्षों का जब उसकी छाया में बैठने वाला ही न हो। क्या अर्थ रह जायेगा? तुम्हारे वृक्षों पे लगे फलो का जब उन फलो का रस्वादन करने वाला ही न हो। क्या अर्थ रह जायेगा?

समय का जब उसमे होने वाले परिवर्तनों का कोई साक्षी ही न हो। हे! प्रकृति यदि मेरा (दृष्टा) अस्तित्व न हो। तो तुम्हारे होने का प्रमाण कौन देगा यदि मेरा अस्तित्व न हो तो तुम नित नए सृजन किसके लिए करोगी? जब उस सृजन के साक्षी का अस्तित्व ही न रहेगा।

ठीक इसी प्रकार हे! प्रकृति यदि तुम्हारी नदिया न होंगी। तो मै किस्मे डुबकी लगाऊंगा? किससे अपनी सुधा शांत करूँगा? यदि तुम्हारे संगीत न होंगे। तो मेरे कानो का क्या अर्थ रह जायेगा? यदि तुम्हारा सूर्य ही न रहेगा। तो मै किसके ताप से तपित होऊंगा? मेरी त्वचा का कोई अर्थ न रह जायेगा। यदि मै तुम्हारे चन्द्रमा के प्रकाश से शीतल न हो सकूँ। क्या अर्थ रह जायेगा? यदि में तुम्हारे फलो का रस्वादन न कर सकूँ। अतः हे! प्रकृति हे! सर्वगर्भा यदि मै ऐसे स्थान पर हूँ। जिस स्थान तुम्हारा कोई भौतिक स्वरुप उपस्थित नहीं है। तो मेरे होने का भी कोई प्रयोजन शेष नहीं रह जाता।

जब मै कल्पना करता हूँ। की मै अन्तरिक्ष के ऐसे बिंदु पर उपस्थित हूँ। जिस स्थान पर न तो तुम्हारी भूमि है। न तुम्हारी नदिया है। न तुम्हारे सागर व महासागर है। न ही तुम्हारी पृथ्वी है। न ही तुम्हारा सूर्य है। न ही तुम्हरा चन्द्रमा है। और न ही तुम्हारे नक्षत्रो का कोई अस्तित्व है। सर्वत्र केवल अंधकार ही है। चूँकि मेरे शरीर का निर्माण भी तुम्हारे भौतिक द्रव्यों से ही हुआ है।

अतः मै कल्पना करता हूँ। की यदि मेरा कोई शरीर भी नही है। यानि की तुम्हारा किसी भी प्रकार का भौतिक स्वरुप उपस्थित नहीं है। तो क्या तुम्हारी अनुपस्थिति में मेरे होने का कोई अर्थ है ?

हे! सर्वगर्भा हम दोनो ही एक दुसरे के पूरक है। यदि मेरा कोई अस्तित्व न रहे तो तुम्हारे श्रृंगार का कोई अर्थ न होगा। तुम्हारा यह तारों से भरा आँचल अर्थविहीन हो जायेगा। तुम्हारे माँग में जो ये नदियाँ बह रही है। वह व्यर्थ हो जाएँगी।

हरे वृक्षों,हिमखंडो,मरुस्थलो,सागरों से युक्त तुम्हारे वस्त्रो का कोई मूल्य न होगा। और यदि तुम्हारा अस्तित्व न रहे तो मेरा (दृष्टा)का कोई अस्तित्व नही रह जायेगा।

हे! सर्वगर्भा मै तुम्हारा ही अंश हूँ। तुम ही ने मुझे यह नेत्र प्रदान किया है। जिससे मै तुम्हारे विहंगम दृश्यों को देख पाता हूँ। तुम्हारे प्रदान किये गए कर्ण की सहायता से ही मै तुम्हारे संगीत को सुन पाता हूँ। तुम्हारे ही प्रदान किये गए त्वचा से ही मै तुम्हारे ताप के तपन का अनुभव कर पता हूँ। तुम्हारे द्वारा प्रदान किये गए जिह्वा की सहायता से ही मै स्वाद का अनुभव करने के योग्य हो पाता हूँ।

सांख्य दर्शन के अनुसार भौतिकता

आइये अब हम इसे सरल शब्दों में समझने का प्रयास करते है। जब हम सांख्य दर्शन को समझते है। तो इस दर्शन में हम द्वैतवाद को स्पष्ट रूप से समझ पाते है। यदि आप भौतिकी के नियमो को स्पष्ट रूप से समझने के प्रयास करे तो हमें हर जगह द्वैत की संकल्पना सहज ही दृष्ट होने लगती है। सांख्य प्रकृति और पुरुष के संबंधो की विस्तृत व्याख्या करता है। इस दर्शन के अनुसार प्रत्येक भौतिक वस्तु जो इस जगत में दिखाई पड़ता है।

वह प्रत्येक पदार्थ या द्रव्य ही प्रकृति है। तथा जो उसे अपने इन्द्रियों द्वारा अनुभव करता है। वह पुरुष है। तथा प्रत्येक भौतिक गुण इनके मध्य ही उत्पन्न होता है। सांख्य मुख्यतः पच्चीस तत्व की सहायता से इस ब्रह्माण्ड को व्यक्त करता है। [प्रकृति,पुरुष,महत्त,अहं ,पञ्च तन्मात्राएँ (गंध, दृष्टि ,स्पर्श,श्रवण,स्वाद) ,पञ्च ज्ञानेन्द्रिया ,पञ्च कर्मेन्द्रिया , एक उभ्येंद्री (मन) तथा पञ्च महाभूत (अग्नि, वायु ,जल , अन्तरिक्ष ,पृथ्वी)]

अगर हम कल्पना करे सुन्दरता की तो हम इसे किस प्रकार परिभाषित करेंगे?

सुन्दरता एक गुण है। इसे प्राप्त होने के लिए आवश्यक है।

की एक कोई भौतिक वस्तु (प्रकृति) हो। तथा एक प्रेक्षक (पुरुष) हो। जो उस वस्तु का निरीक्षण करे तथा उस भौतिक वस्तु को यह उपमा प्रदान करे की वह वस्तु सुन्दर है। ठीक इसी प्रकार शिक्षा रूपी गुण भी शिक्षक

(प्रकृति)तथा शिक्षार्थी(पुरुष) के मध्य ही उत्पन्न होता है। और यही तो सापेक्षवाद है। किन्ही दो के मध्य उत्पन्न गुण ही तो उनके मध्य सम्बन्ध को प्रदर्शित करता है।

क्या आप सोच सकते है। की आपको कोई वस्तु गर्म या ठंडी क्यों लगती है ?

क्या वास्तव में कोई वस्तु वास्तव में ठण्ड या गर्म होता है ?

कल्पना करे आपके हाथ में एक बर्फ का टुकड़ा है। जिसका ताप 0 डिग्री सेल्सियस है। आप को कैसा अनुभव होगा। क्या वह बर्फ का टुकड़ा आपको ठंडा लगेगा? या गर्म लगेगा? यह निर्भर करता है। की आप किस स्थान पर है। और वंहा के वातावरण का ताप कितना है। यदि आप किसी ठन्डे प्रदेश में है। जहाँ का ताप -15 डिग्री सेल्सियस तो इस अवस्था में आप अनुभव करेंगे। की वह बर्फ का टुकड़ा जिसका ताप 0 डिग्री सेल्सियस वह आपको उष्ण प्रतीत होगा। और वहि बर्फ का टुकड़ा यदि आप किसी उष्ण प्रदेश में है। जहाँ का ताप 40 डिग्री सेल्सियस है।

तो उस स्थान पर वह बर्फ का टुकड़ा शीतलता का अनुभव कराता है। तो प्रश्न उठता है की बर्फ का टुकड़ा गर्म है? या ठंडा है? और यदि आप ऐसे स्थान पर है। जहाँ का वातावरणीय ताप 0 डिग्री सेल्सियस ही है। तब आप अनुभव करेंगे। की उस वस्तु का ताप ऐसा है। की न ही वह बर्फ का टुकड़ा उष्ण प्रतीत होता है। और न ही वह शीतलता प्रदान करता है। अर्थात किसी भी भौतिक वस्तु के शीतलता तथा उष्णता का अनुभव प्रेक्षक के ताप पर निर्भर करता है। यदि प्रेक्षक (पुरुष) का ताप किसी वस्तु(प्रकृति) के ताप से अधिक है।

तो वह उस वस्तु के शीतलता का अनुभव करेगा। और यदि प्रेक्षक का ताप वस्तु से कम हो तो उसे उस वस्तु के उष्णता का अनुभव होगा। और उष्णता का कोई अस्तित्व है। भी या नही तो ऐसा प्रतीत होता है। की ताप भी एक विचार मात्र है। जो प्रेक्षक को अनुभव होता है। और ताप स्वयं को भौतिक वस्तुओ की सहायता से उस वस्तु में प्रगट करता है। यद् जड़ पदार्थ या पुरुष में से किसी एक का भी अस्तित्व न हो तो ताप स्वयं को कभी प्रगट ही नहीं कर पायेगा। और यह एक मात्र विचार के ही रूप में इस भौतिक जगत से बाहर समय के त्रिक में उपस्थित रहता है। यानि इसमें समय का कोई प्रभाव भी नही होता, चूँकि जब ताप किसी वास्तु में स्वयं को प्रगट करता है। तो वह स्वयं को द्विक और काल के बंधन में बांध देता है। और समय उसमे परिवर्तन करने लगता है। और उसे एक वस्तु से दुसरे वस्तु में प्रवाहित करने लगता है। वह समय ही होता है। जो इसे भूत,भविष्य ,वर्त्तमान के बंधन से बांध देता है।

आइये अब हम इसे गति की सहायता से समझने का प्रयास करते है। क्या आप बता सकते है? आप जो इस वक्त इस पुस्तक को पढ़ रहे है। इस वक्त आप कितने वेग से गति कर रहे है ?

चलिए इसे एक कल्पना की सहायता से समझने का प्रयास करते है।

1) कल्पना कीजिये की आप एक स्थान से दुसरे स्थान तक जाने के लिए 50 किलोमीटर प्रति घंटे की चाल से चलते है।

2) एक और व्यक्ति उसी स्थान पर जाना चाहता है जहाँ आपका गंतव्य स्थान है और उस व्यक्ति की चाल 80 किलोमीटर प्रति घंटा है।

3) मै उस सड़क के किनारे खड़ा हूँ। अतः मेरी स्वयं की चल 0 किलोमीटर प्रति घंटे है।

अतः यहाँ इस उदाहरण हम तिन लोग प्रेक्षक है। एक दुसरे के लिए अब आगे समझने का प्रयास करते है। -

1) चूँकि मै सड़क के किनारे खड़ा हूँ। तो मेरे लिए आपकी और उस व्यक्ति की चाल क्रमशः 50 किमी प्रतिघंटा तथा 80 किमी प्रतिघंटा होगी।

परन्तु क्या आपके लिए भी यही उत्तर सही होगा?

2) नही, आपके लिए मै 50 किमी प्रतिघंटे की चाल से पीछे जा रहा होऊंगा। तथा उस व्यक्ति की चाल आपके लिए 80-50=30 किमी प्रतिघंटा होगी।

3) तथा उस व्यक्ति के लिए मै 80 किमी प्रतिघंटे की चल से पीछे जा रहा होऊंगा। तथा आप भी उस व्यक्ति को 30 किलोमीटर प्रति घंटे के चाल से पीछे जाते दिखाई देंगे।

प्रश्न यह है की वास्तव में हम तीनो प्रेक्षकों की चाल कितनी है? यह स्पष्ट है। की हम तीनो ही प्रेक्षकों के लिए गति भिन्न-भिन्न होगा। और अकेले किसी प्रेक्षक की कोई गति नही होगी। परन्तु यदि आप 20 किलोमीटर प्रतिघंटे की चाल से चले और मेरी भी चाल यदि 20 किलोमीटर प्रतिघंटे ही हो। तब तो हम दोनों के लिए ही एक दुसरे की गति शुन्य हो जाएगी। हम दोनों ही स्थिर होंगे। एक दुसरे के सापेक्ष हमारी को भी गति ही नहीं होगी।

विचारो की अविनाशिता

कल्पना करे दो ऐसे गेंदों की जो की चेतन्य है। अर्थात वे दोनों गेंदे आपस में वार्तालाप कर सकती है। हम उन्हे अन्तरिक्ष में एक सामान चाल से प्रेक्षित कर दे। तब इस अवस्था में जड़त्व के नियम से (यदि कोई पिंड गति अथवा विराम की अवस्था में है। तो वह अपने उसी अवस्था में रहती है। जब तक कोई बाह्य बल उसकी गति में परिवर्तन न करे।) वह पिंड निरंतर गति करता रहता है। क्यूंकि अन्तरिक्ष में किसी भी प्रकार का कोई घर्षण बल कार्य नहीं करता अतः दोनों गेंद की गतियो में कोई परिवर्तन नही होता।

अतः वे पिंड अन्तरिक्ष में अनंतकाल तक गति करते रहेंगे। यदि वह दोनों गेंद गति करते हुए। ऐसे स्थान पर पंहुच जाये। जहाँ कोई अन्य पिंड उपस्थित न हो। चारो तरफ सिर्फ अन्धकार ही हो। उस अवस्था में ये दोनों चैतन्य गेंद परस्पर एक दुसरे पर प्रकाश डाले उन्हें क्या दिखाई देगा ?

चूँकि उन दोनों की गति एक सामान है। अतः वे परस्पर स्थिर अवस्था में ही रहेंगे परन्तु अद्भुत है। की उन पिंडो को पृथ्वी से कुछ गति के साथ ही प्रेक्षित किया गया था। पर अब इस अवस्था में उन दोनों गेंदों के सापेक्ष अन्य कोई पिंड नही है। अतः इस अवस्था में वे स्थिर हो गए है।

अतः उन दोनों गेंदों की परस्पर कोई गति नही होगी ऐसा प्रतीत होता है। की गति भी दो पिंडो के मध्य उत्पन्न एक गुण मात्र ही है। स्वयं में किसी पिंड की कोई गति नहीं होती। गति अथवा स्थिर की अवस्था तो मात्र

प्रकृति और पुरुष के मध्य उत्पन्न एक गुण मात्र ही है। अतः गति भी मात्र एक विचार ही है। अब प्रश्न उठता है की इस अवस्था में उन पिंडो के मध्य समय का अस्तित्व है। भी या नही क्यूंकि इस अवस्था में उन दोनों ही पिंडो के मध्य कोई परिवर्तन नही हो रहा और उन दोनों ही पिंडो के मध्य कोई परिवर्तन नहीं दिखाई पड़ने के कारण समय का कोई अर्थ नहीं दीखता उन दोनों गेंदों के मध्य समय भी अपना प्रभाव खो देता है।

परन्तु यदि हम और गहराई से ध्यान दे तो हमें पता चलता है। की गेंद का निर्माण भौतिक पदार्थ से ही हुआ है। और पदार्थ का मूल स्वरुप तो परमाणु ही है। और चूँकि परमाणु में इलेक्ट्रान नाभिक के चारो और गति करते है। अतः पदार्थ कि इस सूक्ष्म अवस्था में समय का अस्तित्व तो स्पष्ट है।

जिससे उस पदार्थ का अस्तित्व है। जिससे उन गेंदों का निर्माण हुआ है। परन्तु स्थूल अवस्था में उन दोनों गेंदों के मध्य समय का कोई अस्तित्व दिखाई नही पड़ता। क्या बिना परिवर्तन के समय का कोई अस्तित्व भी है? हम समय के अस्तित्व को किस प्रकार समझते पाते है ?

समय का कोई भौतिक स्वरुप तो नही है। परन्तु प्रकृति में होने वाले परिवर्तन समय के उपस्थिति को प्रदर्शित करता है। क्या आप समय का अस्तित्व की कल्पना परिवर्तन की अस्तित्व की अनुपस्थिति में कर सकते है ?

समय भी प्रकृति और पुरुष के मध्य उत्पन्न एक विचार मात्र है। समय प्रकृति में परिवर्तन करता है। और पुरुष इस परिवर्तन का साक्षी मात्र ही होता है। वास्तव में प्रकृति तुम बहुत विस्मयकारी हो। तुमने ही मुझे

अपने परमाणुओं की सहायता से इस भौतिक जगत में प्रगट किया है। तुमने ही मेरे अस्तित्व को जन्म दिया है।

और अपने वात्सल्य के गुण को प्रदर्शित किया है। और मुझे इस भौतिक जगत में प्रगट कर अब तुम मेरे साथ लुका छिपी खेल रही हो। तुम ही बहन भाई बनकर मुझे एक नटखट रिश्ते से बांध देती हो। तो फिर तुम ही प्रेमिका का रूप धारण कर मुझे प्रेम के अनंत स्रोत से सराबोर कर देती हो। तुम ही भौतिक वस्तुओ का रूप में प्रगट हो मुझे भौतिकता में उलझा देती हो। तुम ही अपने आप को विभिन्न रूपों में छुपाकर अपने आपको प्रगट करती हो। और मुझे इसे तरह बांध देती हो की मै तुम्हारे नदियों में बहकर रह जाता हूँ। तुम्हारे पर्वतो में खो जाता हूँ। जब तुम पक्षी बनकर स्वयं को प्रगट करती हो। तो मै तुम्हारे साथ चहकने लगता हूँ। तुम ही जब फूलो के रूप मै प्रगट होती हों। तो मै भी तुम्हारे साथ सुगन्धित होने लगता हूँ। और तुम्हारे विभिन्न गुणों में उलझकर में हार जाता हूँ। प्रकृति तुम अपने विभिन्न भौतिक स्वरूपों में छुपी हुई हो। परन्तु मैं भी एक कुशल जिज्ञासा करने वाला हूँ। मै तुम्हे अवश्य ही प्राप्त करुंगा। क्यूंकि मै तुम्हे प्रत्येक वस्तु में देख पाता हूँ।

अब तक हमने जितना अध्ययन किया उस आधार पर हम स्पष्ट रूप से दृष्टिगत होता है। की प्रकृति के गुण प्रकृति और पुरुष के मध्य ही उत्पन्न होते है। क्या आप चिकत्सा की कल्पना कर सकते है? यदि रोगी और चिकत्सक न हो तो ?

आप किसी मूर्ति की कल्पना कर सकते है? यदि पदार्थ और मूर्तिकार का अस्तित्व न हो तो?

क्या आप किसी यात्रा की कल्पना कर सकते है? जब यात्रास्थान और यात्री का अस्तित्व ही न हो तो?

क्या आप व्यापर की कल्पना कर सकते है? यदि व्यापारी और ग्राहक का अस्तित्व ही न हो तो?

क्या आप ध्वनी की कल्पना कर सकते है? यदि ध्वनी उत्पन्न करने वाला और ध्वनि को सुनने वाले का अस्तित्व ही न हो तो ?

इस ब्रह्माण्ड में जितने भी गुण है। वह सभी प्रकृति और पुरुष के द्वैत से उत्पन्न होते है। परन्तु जैसे ही हम और गहराई से अध्ययन करे तो हम स्पष्ट रूप से देख पाएंगे प्रकृति ही पुरुष है। और पुरुष ही प्रकृति है। इनमे कोई भेद नही है। इसे हम कुछ इस प्रकार समझ सकते है ।

की जब मै किसी पंक्षी को देखता हूँ। तो वह पंक्षी मेरे लिए प्रकृति है। और मै पुरुष हूँ। जो उस पंक्षी को देखता हूँ। परन्तु वह पंक्षी भी मुझे देख रहा है। अर्थात मै उस पंक्षी के लिए प्रकृति हूँ। और वह पंक्षी मुझे देख रहा हैं। तो वह पंक्षी उस क्षण पुरुष होगा। अर्थात प्रकृति ही पुरुष है। यदि हम किसी ठंडी वस्तु को किसी गर्म वस्तु के संपर्क में रखे तो ठंडी वस्तु गर्म तथा गर्म वस्तु ठंडी होने लगती है ।

अर्थात प्रकृति ही पुरुष और पुरुष ही प्रकृति है ।

तथा ऊष्मा स्थानान्तरण की यह क्रिया तब तक क्रियान्वित रहती है। जब तक की दोनों वस्तुओ का ताप एक ही न हो जाये। यही ऊष्मा गति का नियम भी है। और इस ब्रह्माण्ड में किसी भी भौतिक गुण की व्याख्या द्वैत से ही संभव है। अपितु वे द्वैत होने को प्रदर्शित करते है। पर मूल में सभी सम्भावनाये एक से ही प्रारंभ होती है।।

द्वैतवाद एवं भौतिकता

इस अध्याय में हम द्वैतवाद को गणितीय रूप में समझने का प्रयास करेंगे और गणनाओं की मौलिकता पर अध्ययन करेंगे। -

यदि हम द्वैत की संकल्पना को विस्तृत रूप से समझने का प्रयास करे। तो हमें प्रकृति के विषय में गहन अध्ययन का एक ठोस आधार मिल जाता है। कल्पना करे आपके पास एक पुस्तक है।

और आपके पास अन्य कोई वस्तु नही है। और आप उस वस्तु को हाथ में ले और कोई आपसे पूछे की बताइए इस पुस्तक का वजन कितना है।

आपका उत्तर क्या होगा।

आपको उस पुस्तक का वजन व्यक्त करने के लिए किन महत्वपूर्ण तथ्यों, प्रतिको की आवश्यकता होगी ? एक सरल उत्तर तो यह होगा की पुस्तक भारी है। परन्तु पुनः प्रश्न उठता है। की पुस्तक यदि भारी है। तो कितना भारी है ?

क्या आप ये विचार कर सकते है? की किसी बाँट से तुलना किये बिना ही आप उसे कैसे व्यक्त करेंगे? किसी भी भौतिक राशी के गणितीय विवेचन के लिए मुख्यतः दो तथ्यों की आवश्यकता होती है। -

1) आंकिक मान

2) मात्रक

आपका एक शुद्ध उत्तर कुछ इस प्रकार होना चाहिए। की इस पुस्तक का द्रव्यमान 500 ग्राम है। यंहा 500 आंकिक मन तथा ग्राम मात्रक है। परन्तु आपने इसका आंकिक मान कैसे ज्ञात किया होगा।

बिना बाँट या तुला अथवा किसी यंत्र के अनुपस्थिति में आप इसके आंकिक मान को ज्ञात कर सकते थे ?

अर्थात किसी भी भौतिक गुण के परिमाण के आकलन के लिए आवश्यक तथ्य यह है। की आप उस भौतिक गुण की तुलना एक अन्य वस्तु के सापेक्ष करे। जिसमे वह भौतिक गुण पूर्व विद्यमान हो। और किसी भौतिक तथ्य के गणितीय रूप के व्याख्या किन्ही दो के मध्य ही संभव है। जिसमे एक प्रकृति होती है।

तथा एक पुरुष होता है। जिस राशी के भौतिक गुण के गणितीय तथ्य की व्याख्या की जाती है। वह प्रकृति है। तथा जिसके लिए ये गणना की जाती है वह पुरुष होता है।

आधारभूत रूप से किसी वस्तु में उपस्थित भौतिक गुण की मात्रा प्रकृति तथा पुरुष में उपस्थित मत्रातामक अंतर पर निर्भर करता है। यदि कोई प्रेक्षक ऐसे वतावरण में हो। जहाँ वातावरणीय ताप 0 डिग्री सेल्सियस है। तथा वह व्यक्ति एक ऐसे वस्तु को स्पर्श करता है। जिसका ताप 10 डिग्री सेल्सियस है। तो उस प्रेक्षक(पुरुष) को वह वस्तु उष्ण प्रतीत होगा। यदि कोई दूसरा प्रेक्षक ऐसे वातावरण में हो। जहाँ का औसत ताप 40 डिग्री हो तो उस प्रेक्षक को वह वस्तु ठंडी प्रतीत होगी। वास्तव में शीतलता और उष्णता का कोई वास्तविक स्वरूप नही है ।

यह तो बस एक अनुभव है। जो प्रकृति और पुरुष के मध्य उत्पन्न होती है। और इन अनुभवों की मात्रात्मक अध्ययन के लिए इन्हें आंकिक रूप

से प्रगट करते है। एक प्रेक्षक ताप का अनुभव तभी कर सकता है। जब उसका ताप प्रकृति से अधिक हो अथवा कम हो। यदि उनके मध्य ताप समान रहा तब इस अवस्था में ताप का अनुभव समाप्त हो जायेगा।

एक समय की बात है। जब पुरुष नदी के किनारे बैठा हुआ था। तब वह बैठे बैठे प्रकृति के विभिन्न स्वरूपों को निहार रहा था। परन्तु जब उसने ध्यान से विचार करने का प्रयास किया तब उसने पाया की।

क्या वह वास्तव में बैठा हुआ ही है ?

अरे पृथ्वी तो लगातार सूर्य की परिक्रमा कर रही है। इसका अर्थ हुआ की वह भी गति कर रहा है। परन्तु वह तो पृथ्वी पे उपस्थित सभी प्रेक्षकों के लिए स्थिर है। और यदि कोई दूसरा प्रेक्षक उसे अन्तरिक्ष से देख सके। तो उसके लिए वह पुरुष तो गति कर रहा है। वास्तविकता क्या है ?

ये है। भी या नही या केवल एक भ्रम मात्र है। गति भी अनुभव मात्र ही है। यह भी प्रकृति और पुरुष के मध्य तुलना मात्र से ही उत्पन्न होता है। कल्पना करे दो तारो की जो अन्तरिक्ष में है। तथा अन्य कोई भी वस्तु नही है। कल्पना करे आप उन तारो में से किसी भी एक तारे पर उपस्थित है। तथा आप उस तारे पर बैठकर दुसरे तारे को निहारते है। और पाते है। वह तारा आपसे दूर जा रहा है।

तो प्रश्न यह उठता है। की दूसरा तारा गति करते हुए पीछे जा रहा है। या आप जिस तारे पर उपस्थित है। वह तारा आगे की ओर गति कर रहा है। तो प्रश्न है कौन सा तारा गति कर रहा है ?

मान लीजिये दोनों तारे स्थिर है। और यदि उनमे से कोई एक भी गति करना शुरू कर दे। तो यह बताना कठिन हो जायेगा की कौन तारा गति

कर रहा है। और कौन तारा स्थिर है। वास्तव में यह भी भ्रम मात्र ही है। जो समय के त्रिक में घटित होता है।

अब प्रश्न यह है कि सत्य क्या है। ब्रह्माण्ड में या पृथ्वी पर उपस्थित हर पदार्थ कुछ समय पश्चात बदल जाते है। जंगल गावं बन जाते है।

गावं ,नगर का रूप धारण कर लेते है। प्रत्येक क्षण नया परिवर्तन होता रहता है। प्रत्येक भौतिक गुण समय के साथ परिवर्तित हो जाता है। परन्तु जो गुण परिवर्तित हो जाते है। वो सत्य कैसे हो सकते है ?

सत्य तो उसे कहते है। जो कभी परिवर्तित न हो और जो परिवर्तित हो जाये वो सत्य ही कैसा ?

मेरे विचार में तो सत्य तो समय के दर्पण में बना प्रतिबिम्ब मात्र ही है। सत्य तो मात्र एक अंतराल है। जब मैंने पहली बार लिखने के लिए लेखनी को हाथो में थामा तो वह प्लास्टिक के खोल से बनी हुई थी। स्याही उसके अन्दर था पर जब मेरे पिता जी ने पहली बार लेखनी पकड़ी तो उनके हाथो में एक तीव्र नुकीली लकड़ी की छड़ी थी। और स्याही बहार था। मेरे लिए लेखनी का स्वरुप बदल गया है। लेखनी के रूप में परिवर्तन हो गया है। समय के कुछ क्षणों में लेखनी का स्वरुप लकड़ी के टुकड़ो,मोर पंखो ,के रूप में था। फिर वह प्लास्टिक के रूप में आ गया।

और पुराने लेखनी का अस्तित्व समाप्त हो गया। परन्तु जिस व्यक्ति की मृत्यु समय के उस कालखंड में हुई जब लेखनी मोर पंखो से बनी हुई थी। और आज के आधुनिक लेखनियो की कल्पना भी नही की गयी थी।

तो उस कालखंड में उस व्यक्ति के लिए लेखनी का सत्य स्वरुप मोर की पंख ही थे। अर्थात समय के उस अंतराल में उसके सत्य का स्वरुप

अलग था। परन्तु परिवर्तन के इस संकल्पना का महत्वपूर्ण तथ्य यह है। की लेखनी का अस्तित्व आज भी है। परन्तु अन्य किसी रूप में, इसका अर्थ यह है। की लेखनी का अस्तित्व सदैव था। परन्तु समय के अंतरालो में विचारो के भिन्न- भिन्न स्वरुप भिन्न -भिन्न पुरुषो के लिए भिन्न-भिन्न उत्पन्न होता है। ऐसा प्रतीत होता है। की सर्वव्याप्त भौतिकता एक भ्रम मात्र है। कोई भी भौतिक वस्तु या स्थिति उस समय तक ही सत्य है।

जब तक की उसमे कोई परिवर्तन न हो। परन्तु जैसे ही परिवर्तन हुआ वह मिथ्या हो जाएगी। परन्तु उस वस्तु का विचार अथवा अस्तित्व सदा ही रहता है।

इस समय तक जितने भी नए भौतिक विचार या भौतिक स्थितिया अस्तित्व में उपस्थित नही है। अर्थात जो भी भौतिक रूप हमें दिखाई नहीं दिया इसका अर्थ यह नही है। की उसका अस्तित्व नहीं है। उनका विचार सदैव ही रहेगा। बस किसी पुरुष के द्वारा उसे इस भौतिक जगत में प्रगट किया जायेगा। और पुनः उस विचार के भौतिक स्वरुप को निरंतर उत्कृष्ट करने के लिए सृजन और विनाश भी उसके साथ संलग्न हो जायेंगे। सृजन हमेशा उस भौतिक रूप को नया। स्वरुप प्रदान करता रहेगा और उसके पुराने स्वरुप का निरन्तर विनाश होता रहेगा।

आइये अब हम प्रकृति और पुरुष के बारे में विस्तृत अध्यन करते है। चित्र संख्या (1) में उपस्थित वर्ग प्रकृति का स्वरुप है। तथा व्यक्ति ही पुरुष अथवा प्रेक्षक है। इस वर्ग के प्रत्येक भुजा की लम्बाई 1 मीटर है। और इसके चारो भुजाओ की लम्बाई 4 मीटर हो जाएगी। तथा पुरुष इस वर्ग में एक सीढी का विचार डालता है। और इसे बनाने का प्रयास करता है।

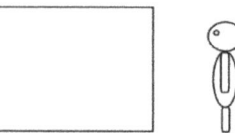

1) प्रेक्षक इस वर्ग के दो भुजाओ को यदि 1/2 भागों विभाजित करे। तो हमें सीढियों के 4 ताल प्राप्त होते हैं। जिसमे प्रत्येक तल की लम्बाई 1/2 मीटर है। तथा उन दोनों भुजाओ की लम्बाई4 (1/2)=2 मीटर

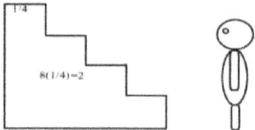

2) यदि हम इन आधे मीटर के लम्बाई को भी आधा कर दे। अर्थात 1/4 मीटर तो हम 8 ताल प्राप्त होंगे। और दोनों भुजाओ की लम्बाई 2 मीटर ही रहेगी।

और यदि हम 1/4 का भी आधा करे तो हर तल की लम्बाई 1/8 मीटर रहेगी। और 16 तल प्राप्त होंगे। और पुनः प्रेक्षक के लिए दोनों भुजाओ की लम्बाई 2 मीटर ही रहेगी।

और यदि हम 1/8 मीटर का भी आधा कर दे। तो प्रत्येक तल की लम्बाई 1/16 मीटर हो जायेगा। और कुल 32 तल प्राप्त होंगे। और पुनः दोनों भुजाओ का परिमाप 2 मीटर ही होगा।

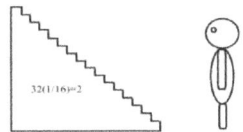

1/16 का भी यदि आधा कर दे तो हमें प्रत्येक तल की लम्बाई 1/32 मीटर प्राप्त होगी। और तल की संख्या 64 होगी। यदि हम 1/32 को 64 बार जोड़ दे तो वापस से हमें दोनों भुजाओ की लम्बाई 2 मीटर ही ज्ञात होगी।

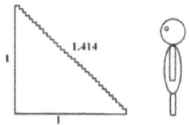

यदि हम ध्यान दे। तो हम पाएंगे सीढियों के तलो की संख्या प्रेक्षक के सापेक्ष बहुत अधिक और प्रत्येक तल की लम्बाई बहुत कम हो गयी है। चित्रानुसार स्पष्ट है। की इस अवस्था में ये सीढिया प्रेक्षक के लिए सीढ़िया न होकर अपितु एक ढाल बन जाएँगी। और यदि ये सीढ़िया प्रेक्षक के लिए यदि ढलान हो जाये तो क्या इस अवस्था में भी भुजाओ की लम्बाई 2 मीटर ही होगी ? नहीं इस अवस्था में प्रेक्षक के लिए दोनों भुजाओ की लम्बाई पायथागोरस के प्रमेय से ज्ञात होगा ।

और पाइथागोरस प्रमेय के अनुसार दोनों भुजाओ की लम्बाई $\sqrt{2}$ =1.414 मीटर हो जाएगी। अर्थात उसी प्रेक्षक के लिए वास्तविकता के गणित में परिवर्तन हो गया है। और जैसे ही प्रेक्षक लिए गणित का यह स्वरुप परिवर्तित हुआ।

वैसे ही गणित भी मिथ्या प्रतीत होने लगता है। परन्तु कल्पना करे यदि उस व्यक्ति को हटा दे। और चींटी को प्रेक्षक बना दे। तो क्या चींटी के

लिए भी भुजाओ की लम्बाई $\sqrt{2}$ मीटर ही होगा? नहीं उस चींटी को वहि ढाल ही पुनः 2 मीटर लम्बाई का ही प्रतीत होना चाहिए।

प्रेक्षक अथवा पुरुष का आकार जितना अधिक सुक्ष्म होगा। वह प्रकृति का उतना ही अधिक अध्ययन कर सकेगा। चूँकि प्रेक्षक यदि चीटी है।

तो उसे प्रकृति की संरचनाये और अधिक वास्तविक अनुभव होंगी। क्यूंकि उस छोटे प्रेक्षक के लिए उतना ही अधिक समय तक उसके लिए उसका गणित सत्य प्रतीत होगा। वास्तविकता में ऐसा प्रतीत होता है की गणित तो एक छद्म मात्र है। इलियेनटिक दार्शनिक जेनो की एक प्रसिद्ध पहेली जिसमे वो कहते है। की यदि एक व्यक्ति अपने प्रारंभिक स्थिति से अपने गंतव्य तक पहुचना चाहता है। यदि उसकी प्रारंभिक स्थिति से लेकर उसके गंतव्य स्थिति तक के बिच की दुरी 1 किलोमीटर है। परन्तु वह व्यक्ति प्रत्येक आधी-आधी दुरी पर विश्राम करने कि योजना बनता है। और वह प्रत्येक आधी दुरी पर विश्राम करता है। और यदि वह प्रत्येक आधी दुरी पर विश्राम करता रहा तो वह अपने गंतव्य तक कभी पंहुच ही नही पायेगा। क्योंकि वह अनंत बार विश्राम करेगा। परन्तु वास्तविकता में हम देखते हैं की वह व्यक्ति तो अपने गंतव्य स्थान तक पंहुच जाता है।

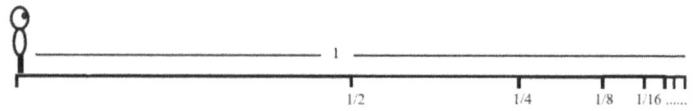

चित्रानुसार हम देख सकते है। की मार्ग की कुल लम्बाई इसके छोटे-छोटे भिन्नो के योग होंगे।

1/2 +1/4 +1/8 +1/16 +1/32 +………

परन्तु वह व्यक्ति कुछ समय के बाद अपने गंतव्य पर पंहुच जाता है। क्योंकि मार्ग अत्यंत सूक्ष्म खंडो में विभाजित हो जाता है।

और जब मार्ग के सूक्ष्म खंडो की लम्बाई प्रेक्षक के पैरो की चौड़ाई के बराबर अथवा कम रह जाती है।

तब वह अपने गंतव्य पर पंहुच जाता है। परन्तु यदि प्रेक्षक का आकार निरंतर मार्ग के लम्बाई के सापेक्ष ही कम होता जाये। तो इस अवस्था में प्रेक्षक कभी भी अपने गंतव्य स्थान पर नहीं पंहुच पायेगा ?

कल्पना करे यदि उस व्यक्ति के स्थान पर कोई चींटी उस मार्ग पर चल रही होती तो क्या होता ?

स्पष्ट है की उस चींटी के पास अधिक अवसर होते विश्राम करने के। उस व्यक्ति के सापेक्ष अतः किसी भी भौतिक गुण अथवा स्थिति के विस्तृत अध्ययन के लिए आवश्यक है। की उसके प्रेक्षक में उस गुण की मात्रा अत्यंत सूक्ष्म हो। जिसका अध्ययन किया जाना है। जिस परिघटना की हमने कल्पना की है। उसके अनुसार हमने लम्बाई का अध्ययन किया है।

यहाँ हमारे प्रेक्षक की लम्बाई जितनी ही कम होगी। वह उतना ही विस्तृत स्तर पर उस मार्ग का अध्ययन कर सकेगा। अन्य शब्दों में परिभाषित करे तो किसी भी प्रेक्षक के लिए किसी भौतिक वस्तु अथवा स्थिति की सत्यता इस बात पर निर्भर करती है।

की उस प्रेक्षक में उस वस्तु अथवा स्थिति का भौतिक गुण की कितनी न्यून मात्रा उपस्थित है। उस प्रेक्षक में भौतिक गुण जितना कम होगा। उसे वह भौतिक अवस्था उतनी ही सत्य प्रतीत होगी। क्यूंकि उसके मूल गणित में परिवर्तन बहुत समय बाद ही संभव होगा।

अद्वैत भौतिकी

हे! प्रकृति चूँकि वह तुम ही हो। जो "मै" का रूप धारण कर स्वयं का ही अध्ययन करती हो। परन्तु जब मै केवल पृथ्वी पर उपस्थित जीवो का अध्ययन करता हूँ। तो मुझे ज्ञात होता है। की कैसे मेरे ही शरीर के परमाणु अन्य जीवो में चले जाते है। मै आश्चर्यचकित हो जाता हूँ। की कैसे मेरे शरीर के परमाणु भी मेरे नही है। जब मै किसी भीं भोज्य पदार्थ का सेवन करता हूँ।

तो वे भोज्य पदार्थ मेरे शरीर का निर्माण करते है। तथा अपशिष्ट पदार्थ मेरे शरीर से निकल कर तुम्हारी भूमि में प्रविष्ट कर जाते है।

तथा वहि अपशिष्ट पदार्थ भूमि से निकालकर पौधों में चले जाते है। और जब किसी जिव द्वारा उस पौधे को ग्रहण कर लिया जाता है। तो उस पौधे की सहायता से ही उस जिव का निर्माण होता है। अर्थात मेरे ही शरीर के परमाणु दुसरे के परमाणु हो जाते है।

स्पष्ट है की पृथ्वी पर द्रव्य की मात्रा तो स्थिर है। तथा पृथ्वी पर उपस्थित समस्त चेतन तथा अचेतन भौतिकताओ का निर्माण होता है। .

यह कुछ ऐसा ही प्रतीत होता है। जैसे मेरा अस्तित्व या किसी भी वास्तु का अस्तित्व सदा ही रहा हो। बस पृथ्वी पर उपस्थित द्रव्य से हमने स्वयं को निर्मित कर लिया है। इसे हम एक प्रयोग द्वारा भी अच्छे से समझ सकते है।

यदि हम दो कांच की गोलियों को धागे की सहायता से अलग-अलग बांध दे। तथा कांच से बंधे धागों को सामान लम्बाई में लेकर किसी तीसरे धागे से बांध दे। तथा इस तीसरे धागे को हल्का ढीला रखते हुए। इस प्रकार दिवार से लगाये की दोनों ही कांच की गोलिया मुक्त रूप से हवा में लटक रही हो।

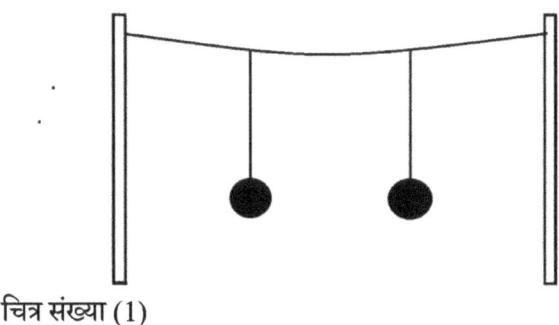

चित्र संख्या (1)

यदि हम किसी एक गोले को खिंच कर छोड़ दे। तो हम पाएंगे की जिस गोले को हमने खिंच कर छोड़ा था। उसकी गति धीमे धीमे मंद हो जाती है। तथा एक क्षण ऐसा आता है।

जब वह गोला पूर्णतयः गति करना बंद कर देता है। परन्तु जैसे-जैसे प्रथम गोले की गति मंद होती जाती है। वैसे-वैसे ही दुसरे गोले की गति जो प्रारंभ मै तो शुन्य थी। वह बढती जाती है। तथा तब तक बढती रहती है। जब तक की पहले गोले की गति न्यूनतम नही हो जाती तथा पुनः द्वितीय गोले की गति धीमी होती जाती है। तथा पहले गोले की गति बढती जाती है। यह सब प्रक्रम उर्जा के निरंतर एक गोले से दुसरे गोले में स्थानांतरण के कारण होता हैं। यदि कोई बाह्य अवरोध न रहे तो यह क्रम निरंतर चलता रहता है। तथा इस पूरी घटना में ऐसा प्रतीत होता है। की उर्जा जो हमारे हाथो द्वारा दी गयी थी। वह उर्जा इस निकाय में संरक्षित

हो जाती है। तथा उर्जा एक गोले से दुसरे गोले व्यक्त मात्र कर रही होती है। ठीक उसी प्रकार विचार रूपी उर्जा स्वयं को पृथ्वी के परमणुओ द्वारा प्रगट करते है।

जब हम किसी गेंद को हवा में उछालते है। तो वह परवालायाकर मार्ग पर गति करने लगता है। यह घटना भी इसी कार्य का एक उदहारण मात्र है।

जब कोई व्यक्ति गेंद को फेंकता है। तो उस गेंद को फेकने के लिए उस व्यक्ति को कुछ कार्य करना पड़ता है। यह कार्य ही उस गेंद में उर्जा के रूप में संरक्षित हो जाती है। तथा वह उर्जा उस गेंद को गति प्रदान करता है।

चूँकि पृथ्वी पर वायुमंडल उपस्थित होने के कारण वह गेंद अपनी उर्जा घर्षण के विरुद्ध कार्य करने में व्यय करने लगता है। तथा वह उर्जा घर्षण के कारण ऊष्मा में परिवर्तित हो जाता है।

तथा यह उर्जा इसी प्रकार पृथ्वी में वापस लौट आती है। तथा उर्जा स्वयं को एक रूप से दुसरे रुपमे रूपांतरित कर रही होती है।

वास्तव में उर्जा ही पदार्थ को आकार और रूप प्रदान करती है। भूमि ,वाहन ,भोजन , धन इत्यादि सब उर्जा रूपी विचार के ही तो परिणाम है।

जब कोई व्यक्ति कोई कार्य करता है। तो उसके द्वारा किया गया कार्य ही तो धन का रूप ग्रहण करती है। और फिर वह धन ही तो अन्य वस्तुओ में रूपांतरित होता है। वास्तव में उर्जा तो मात्र एक विचार मात्र ही है। जो स्वयं को विभिन्न भौतिक स्वरूपों में व्यक्त करती है। तथा वह हमें हमारे ज्ञानेन्द्रियो द्वारा अनुभव को प्राप्त होती है।।

www.ingramcontent.com/pod-product-compliance
Lightning Source LLC
LaVergne TN
LVHW061604070526
838199LV00077B/7168
9789359891620